BEI GRIN MACHT SICH IHR WISSEN BEZAHLT

- Wir veröffentlichen Ihre Hausarbeit, Bachelor- und Masterarbeit

- Ihr eigenes eBook und Buch - weltweit in allen wichtigen Shops

- Verdienen Sie an jedem Verkauf

Jetzt bei www.GRIN.com hochladen und kostenlos publizieren

Bibliografische Information der Deutschen Nationalbibliothek:

Die Deutsche Bibliothek verzeichnet diese Publikation in der Deutschen National-
bibliografie; detaillierte bibliografische Daten sind im Internet über http://dnb.d-
nb.de/ abrufbar.

Dieses Werk sowie alle darin enthaltenen einzelnen Beiträge und Abbildungen
sind urheberrechtlich geschützt. Jede Verwertung, die nicht ausdrücklich vom
Urheberrechtsschutz zugelassen ist, bedarf der vorherigen Zustimmung des Verla-
ges. Das gilt insbesondere für Vervielfältigungen, Bearbeitungen, Übersetzungen,
Mikroverfilmungen, Auswertungen durch Datenbanken und für die Einspeicherung
und Verarbeitung in elektronische Systeme. Alle Rechte, auch die des auszugsweisen
Nachdrucks, der fotomechanischen Wiedergabe (einschließlich Mikrokopie) sowie
der Auswertung durch Datenbanken oder ähnliche Einrichtungen, vorbehalten.

Impressum:

Copyright © 2017 GRIN Verlag
Druck und Bindung: Books on Demand GmbH, Norderstedt Germany
ISBN: 9783668823839

Dieses Buch bei GRIN:

https://www.grin.com/document/442309

Carla Schillings

Krafttraining. Krafttestung, Zielsetzung, Makro- und Mesozyklus

GRIN - Your knowledge has value

Der GRIN Verlag publiziert seit 1998 wissenschaftliche Arbeiten von Studenten, Hochschullehrern und anderen Akademikern als eBook und gedrucktes Buch. Die Verlagswebsite www.grin.com ist die ideale Plattform zur Veröffentlichung von Hausarbeiten, Abschlussarbeiten, wissenschaftlichen Aufsätzen, Dissertationen und Fachbüchern.

Besuchen Sie uns im Internet:

http://www.grin.com/

http://www.facebook.com/grincom

http://www.twitter.com/grin_com

Deutsche Hochschule für

Prävention und Gesundheitsmanagement

Hermann Neuberger Sportschule 3

66123 Saarbrücken

Einsendeaufgabe

Fachmodul: Trainingslehre 1

Studiengang: Gesundheitsmanagement

Datum
Präsenzphase 17.07.2017 – 20.07.2017

Name, Vorname: Schillings, Carla

Studienort: **Köln**

Semester: **Sommersemester 2017**

Inhaltsverzeichnis

1 **TEILAUFGABE 1 - DIAGNOSE** 3

  1.1 Allgemeine und biometrische Daten 3
      1.1.1 Allgemeine Daten 3
      1.1.2 Biometrische Daten 3
  1.2 Krafttestung 4

2 **TEILAUFGABE 2 - ZIELSETZUNG/PROGNOSE** 6

3 **TEILAUFGABE 3 - TRAININGSPLANUNG MAKROZYKLUS** 7

4 **TEILAUFGABE 4 - TRAININGSPLANUNG MESOZYKLUS** 11

5 **LITERATURRECHERCHE** 14

6 **LITERATURVERZEICHNIS** 18

7 **ABBILDUNGS- UND TABELLENVERZEICHNIS** 20

  7.1 Tabellenverzeichnis 20

1 Teilaufgabe 1 - Diagnose

1.1 Allgemeine und biometrische Daten

1.1.1 Allgemeine Daten

Tab. 1: allgemeine Daten (eigene Darstellung)

Alter	20
Geschlecht	männlich
Körpergröße	180 cm
Körpergewicht	82 kg
berufliche Tätigkeit	Schüler
aktuelle sportliche Aktivitäten	Schulsport (1x Woche 1,5 Stunden)
frühere sportliche Aktivitäten	Fußball von 10-17 Jahren (2x Woche 1,5 Stunden)
zeitlicher Verfügungsrahmen	2 Einheiten in der Woche
Trainingsmotive	Muskelaufbau, Kraftaufbau

1.1.2 Biometrische Daten

Tab. 2: biometrische Daten (eigene Darstellung)

Parameter	Ist-Wert	Soll-Wert
Blutdruck	123/82 mmHg	120-129/80-84 mmHg (WHO, 2015)
Ruhepuls	83	70-80 (Dahm, 2016)
BMI	24,69 kg/m2	18,5 bis 24,9 kg/m2 (Lenz, Richter, Mühlhauser, 2009)
Körperfettanteil	22,00%	8% - 20% (Gallagher et al, 2000)

Der Trainierende ist 19 Jahre alt und hat mit einer Größe von 180 cm und einem Gewicht von 95 kg hat er einen BMI von 24,38. Laut Lenz, Richter und Mühlhauser (2009) ist er normalgewichtig. Er ist Schüler und sitzt somit den größten Teil des Tages. Er treibt einmal in der Woche Schulsport für 90 Minuten, ohne starke körperliche Anstrengung. Im Alter von 10-17 Jahren hat er Fußball gespielt. Sein Fußballtraining bestand aus Ausdauer- und Koordinationstraining. Es hat zwei Trainingstage in der Woche gegeben, an denen er 1,5 Stunden mit einem niedrigen Leistungsniveau trainierte. Das bedeutet, er hat nicht auf einem Leistungsniveau trainiert, um an Fußballspielen teilzunehmen, sondern um Spaß am Sport zu haben. Daraus ist zu schließen, dass der Trainierende ein Einsteiger ist, denn er hat noch nie Krafttraining betrieben.

Weiterhin hat er keine Indikationen, die ihn im Krafttraining gesundheitlich einschränken. Sein Blutdruck liegt im Normbereich, im Gegensatz zu seinem Ruhepuls, der mit drei Herzschlägen pro Minute den Normalwert laut Dahm (2009) überschreitet. Orthopädische oder internistische Probleme liegen nicht vor. Allein sein überdurchschnittlich hoher Körperfettanteil ist auffällig. Laut Gallagher et al (2000) ist für Männer im Alter von 20-39 ein Körperfettanteil von 8%-20% normal. Der Proband liegt mit 22% Körperfettanteil über dem Normwert. Der Körperfettanteil wurde mit der InBody 770 gemessen.

Er hat zweimal in der Woche Zeit für ein Krafttraining, was für einen Einsteiger ausreichend ist.

1.2 Krafttestung

Mit dem Trainierenden wird der Mehrwiederholungskrafttest durchgeführt. Er ist Krafttrainingsbeginner und da er mit einem Kraftausdauertraining anfangen wird, ist es für ihn geeignet, einen Mehrwiederholungskrafttest durchzuführen, da bei einem Kraftausdauertraining mit mehr als 15 Wiederholungen gearbeitet wird. Es sollte der Mehrwiederholungskrafttest genutzt werden, um seinen aktuellen Leistungsstand zu ermitteln und zu erkennen, in welchem Bereich er nachher trainieren kann. Aufgrund seines erhöhten Körperfettanteils sollte der Trainierende nachher auch das Kraftausdauertraining ausführen und im Bereich der submaximalen Trainingsintensität trainieren, also „mit einer bestimmten Wiederholungszahl erreichte Beanspruchbarkeit der Muskulatur als Grundlage der Belastungsdosierung zu wählen [...] für eine vorher definierte Wiederholungszahl" (Marshall & Fröhlich, 1999, S. 311).

Der Mehrwiederholungskrafttest wird auch X-RM-Test genannt. „Bei untrainierten, langjährig inaktiven oder verletzten Fitneßsportlern bedarf es einer Testmethode, welche die medizinischen und praxisrelevanten Gesichtspunkte berücksichtigt. Der Grundgedanke besteht darin, das Trainingsgewicht zu ermitteln, ohne vorher eine Testung im maximalen Bereich durchzuführen. Ziel ist es, das Gewicht zu ermitteln, welches der Kraftsportler unter Vorgabe einer bestimmten Wiederholungszahl (bzw. Trainingsziel) unter der Berücksichtigung aller Abbruchkriterien (vgl. Kapitel 3.2.3) gerade noch bewältigen kann" (Zimmer, 1999, S. 21).

Der Mehrwiederholungskrafttest beginnt mit dem allgemeinem und speziellen Erwärmen. Auf dem Ergometer wird sich der Proband zehn Minuten allgemein aufwärmen, daraufhin erwärmt er sich spezifisch an jedem Gerät, bevor die erste Krafttestung durchführt wird, um die primär beteiligten Strukturen zu erwärmen und die Arbeitsmuskulatur neuronal anzusteuern. Das spezifische Erwärmen wird an den Geräten durchgeführt, die nachher auch in den Trainingsplan eingefügt werden. Das spezifische Erwärmen geschieht in drei Sätzen. Der erste Satz besteht aus acht Wiederholungen mit 50% des Arbeitsgewichtes, der zweite Satz sind drei Wiederholungen mit 70% des Arbeitsgewichtes und zuletzt der dritte Satz wird mit einer Wiederholung und 80% des Arbeitsgewichtes durchgeführt. Folgende Geräte werden getestet: Beinpresse, Brustpresse, Rudermaschine, Beinbeuger, Bauchbeuger, Rückenstrecker.

Darauf hin wird an jedem der aufgezählten Geräte die Krafttestung nach Zimmer (1999) durchgeführt, mit der Wiederholungsanzahl, die nachher auch im Trainingsplan vorgeschrieben wird. Es gibt maximal drei Testsätze mit einem vom Trainer vorgegebenem Gewicht, was abhängig von Gerät und Gewicht des Probanden eingestellt wird. Nach dem ersten Testsatz wird eine drei minütige Pause eingelegt, um in den zweiten und nach Bedarf auch in den dritten Testsatz zu starten. Das Gewicht wird je nach Belastungsempfinden des Probanden erhöht.

Der letzte Schritt ist die Testergebnisse in die Trainingsplanung einzusetzen.

Mehrwiederholungskrafttest (20-RM-Test)

Tab. 3: Mehrwiederholungskrafttest (eigene Darstellung)

Testübung	WH	1. Satz	2. Satz	3. Satz	Ergebnis
Beinpresse	20	95	105	115	115
Brustpresse	20	40	48	54	54
Rudermaschine	20	40	48	54	54
Beinbeuger	20	30	33	36	36
Bauchbeuger	20	20	24	27	27
Rückenstrecker	20	30	33	36	36

Als Schlussfolgerung für die Trainingsplanung wird die Intensität des ausgewerteten Testgewichts bestimmt. Zunächst trainiert der Proband mit dem Trainingsziel Kraftausdauer, um die Grundlagen für das weitere Krafttraining zu erzielen. Die Intensität wird zwischen 50% und 70% des ermittelten Gewichts betragen, da er ein Trainingseinsteiger ist. Nach jedem abgeschlossenem Mesozyklus erfolgt eine Krafttestung, die Belastungsintensität bleibt aber mit 50%-70% des ermittelten Gewichts bestehen.

2 Teilaufgabe 2 - Zielsetzung/Prognose

Tab. 4: Zielsetzung/Prognose des Probanden (eigene Darstellung)

Inhalt	Ausmaß	Zeit
Kraftsteigerung in einem Mehrwiederholungskrafttest	Kraftsteigerung um 20%	In 6 Wochen
Körperfettreduktion	2,00%	In 4 Monaten
Ruhepuls senken	5 Herzschläge pro Minute in Ruhe	In 6 Monaten

Zuerst wird das Ziel der Kraftsteigerung definiert, welches vom Kunden selbst als Trainingsmotivation erläutert wird. Eine Kraftsteigerung kann gemessen werden durch den Mehrwiederholungskrafttest, der in Teilaufgabe 1.1 erläutert wurde. Die Kraftsteigerung sollte nach sechs Wochen durchschnittlich ca. 20% betragen (Eifler, 2000; Strack & Eifler, 2005). Das bedeutet, dass nach jedem abgeschlossenem Mesozyklus eine Krafttestung stattfindet, um eine Kraftsteigerung zu messen. Auch seine Trainingsmotivation „Muskelaufbau" erschließt sich unter anderem aus einer Kraftsteigerung, denn durch die morphologische Anpassung der Skelettmuskulatur entsteht eine Muskelhypertrophie (Eifler, 2013). Dieses Ziel wird als kurzfristiges Ziel definiert.

Der Trainer hat für den Kunden als mittelfristiges Ziel eine Körperfettreduktion um 2% in vier Monaten definiert. Aufgrund seines überdurchschnittlich hohen Körperfettanteils mit 22% möchte er 2% Körperfett in vier Monaten verlieren. Laut Gallagher et al (2000) ist der normale Körperfettanteil bei Männern zwischen 8% und 20%. Um jedoch durch das Krafttraining Körperfett zu reduzieren ohne Muskeln abzubauen, muss er darauf achten, ein Kaloriendefizit zu haben und trotzdem ein Krafttraining weiter durchführen, damit kein Muskelabbau stattfindet (Miller et al, 2013). Ein Krafttraining unterstützt somit eine Körperfettreduktion. Damit nachgewiesen werden kann, ob er sein Ziel nach zwei Monaten erreicht, wird auf der InBody 770 sein Körperfettanteil errechnet. Dies Körperfettreduktion wird vor allem bedingt durch den ersten Mesozyklus mit dem Trainingsziel Kraftausdauer.

Der Ruhepuls des Kunden ist laut Dahm (2016) zu hoch. Normalerweise ist für einen 20-Jährigen eine Ruheherzfrequenz von 70-80 vorhergesehen. In Folge dessen sollte sich seine Herzfrequenz in Ruhe trainingsinduziert anpassen, was bedeutet, dass durch ein Krafttraining eine erniedrigte Ruheherzfrequenz erfolgt (Fleck, 1994). Auch Boeck-Behrens und Buskies (2000) benennen die Schutzeffekte des Herz-Kreislaufsystems wie beispielsweise eine Senkung der Ruheherzfrequenz als Folge eines Krafttrainings. Dies kann man als langfristiges Ziel festhalten und in sechs Monaten eine Senkung der Herzfrequenz von drei Herzschlägen pro Minute feststellen. Eine Anpassung der Ruheherzfrequenz nach sechs Monaten wird schließlich als langfristiges Ziel festgehalten. „Nicht allein für die Allgemeinbevölkerung, auch bei bestehenden kardiovaskulären Erkrankungen wie arterieller Hypertonie, koronarer Herzerkrankung, Myokardinfarkt, Herzinsuffizienz oder Schlaganfall wurde in epidemiologischen und klinischen Studien ein relevanter Zusammenhang zwischen der Herzfrequenz und der kardiovaskulären Sterblichkeit nachgewiesen" (Custodis et al, 2014). Die genannten Folgen einer erhöhten Ruheherzfrequenz sollten den Kunden motivieren, mithilfe eines Krafttrainings seine Herzfrequenz in Ruhe zu senken.

3 Teilaufgabe 3 - Trainingsplanung Makrozyklus

Tab. 5: Trainingsplanung Makrozyklus nach ILB-Methode (eigene Darstellung)

Zielsetzung:	Umfangsorientiertes Krafttraining	Intensitätsorientiertes Krafttraining	Intensitätsorientiertes Krafttraining	Umfangsorientiertes Krafttraining
Zyklusdauer	6 Wochen	6 Wochen	6 Wochen	6 Wochen
Trainingsziel	Kraftausdauertraining	Muskelaufbautraining extensiv	Muskelaufbautraining intensiv	Kraftausdauertraining
Organisationsform	GK/Circuit	GK/ Station	GK/Station	GK/Circuit
Einheiten pro Woche	2	2	2	2
Übungen/ Muskelgruppe	1 – 2	1 – 2	1 – 2	1 – 2
Sätze/ Übungen	2 Circuits	2	2	2 Circuits
Wiederholungen	20	12	8	18
Satzpausen	-	60 Sek.	60 Sek.	-
Intensität	50 – 70	50 – 70	50 – 70	50 – 70
Bewegungstempo	Mittlere Geschwindigkeit	Mittlere Geschwindigkeit	Mittlere Geschwindigkeit	Mittlere Geschwindigkeit

Die Individuelle-Leistungsbild-Methode, kurz ILB-Methode genannt, dient dazu einen individuellen Trainingsplan nach einem Individuellen-Leistungsbild-Testes zu erstellen (Eifler, 2000; 2013, Zimmer, 1999). Ziel ist es, den Test mit der Anzahl an Wiederholungen, mit dem maximalen Gewicht durchzuführen, mit denen nachher auch trainiert wird. Dadurch ist es möglich, das Training individuell anzupassen und vor allem für einen Einsteiger in das Krafttraining einzustellen. Es ist schwierig zu erkennen, was für einen Leistungsstand der Trainingseinsteiger hat. Aus dem Grund ist es sinnvoll, eine Krafttestung nach dem ILB-Test und folglich eine Trainingsplanung nach der ILB-Methode zu entwerfen, um deduktiv mit dem Kunden zu arbeiten.

Da der Trainierende jedoch noch jung ist und keine gesundheitlichen Einschränkungen hat, kann man so die maximale Leistung herausfinden und anhand der Intensität auf das jeweilige Trainingsziel anpassen. Eifler (2000) und Strack und Eifler (2005) konnten eine Effektivität dieser Trainingsmethode feststellen und einen Kraftzuwachs bestätigen.

Da dem Trainierende ein zeitlicher Verfügungsrahmen von zwei Einheiten pro Woche zusteht, wird das Training dementsprechend geplant. Mit zwei Einheiten pro Woche ist es auch für den Trainierenden ausreichend, da er beide Trainingseinheiten ein Ganzkörpertraining absolviert. Ein Training mit zwei Trainingsreizen in der Woche ist für einen Anfänger ausreichend und erzielt eine Leistungssteigerung. „Trainingsbeginner und Anfänger sollen demnach zwei bis drei Trainingseinheiten pro Woche in Form eines Ganzkörpertrainings durchführen" (Fröhlich & Schmidtbleicher, 2008). Die Belastungshäufigkeit ist nach dem Belastungsnormativa somit optimal gegeben.

Die Übungen pro Muskelgruppe wurden mit ein bis zwei festgelegt. Dadurch dass er Beginner ist, reichen ein bis zwei Übungen pro Trainingseinheit pro Muskel aus. Er möchte generell seinen Körperfettanteil senken und eine Kraftsteigerung erlangen, daher ist es wichtig ein Ganzkörpertraining zu machen mit ein bis zwei Übungen pro Muskelgruppe. Somit werden die Hauptmuskelgruppen beansprucht. Ein bis zwei Übungen pro Muskelgruppe sind auch zeitlich gesehen ausreichend, da sein Training bei einem Ganzkörpertraining mit mehr Übungen viel Zeit kosten würde.

Die Sätze pro Übung sind mit zwei festgelegt. Buskies und Boeck-Behrens (2009) haben in Studien beweisen können, dass das Mehrsatztraining sich positiv auf die Kraftentwicklung auswirkt. Mit zwei Sätzen pro Übung werden folglich pro Muskelgruppe zwei bis vier Sätze absolviert und in dem Ganzkörpertraining des Kunden wird durch das Mehrsatztraining sein persönliches Ziel der Kraftsteigerung realisiert. Die Belastungsdauer führt durch das Mehrsatztraining zu einer stärkeren Anpassung durch die Summe aller Reize. Dabei sind die einzelnen Belastungsserien zu addieren und dadurch effektiver als ein maximalintensiver Trainingsreiz eines Satzes. (Denner, 2009, S. 101)

Die Belastungsintensität liegt in den Mesozyklen bei 50%-70% Trainingsintensität abgeleitet von der Krafttestung. Güllich und Schmidtbleicher (1999) setzen eine Trainingsintensität von mindestens 50% der Maximalkraft des Trainierenden voraus, damit der Effekt des Muskelaufbaus erzielt werden kann. Eine Steigerung auf bis zu 70% in einem Mesozyklus entsteht durch eine regelmäßige Intensitätsanpassung aufgrund morphologischer Adaption. Durch die Krafttestung, die nach jedem Mesozyklus stattfindet, wird die Trainingsbelastung angepasst und von der neu erprobten Maximalkraft beim X-RM-Test eine Intensität von 50% errechnet. Auch die ILB-Methode schreibt bei Beginnern eine Belastungsintensität von 50%-70% vor (Strack & Eifler, 2005, S. 153).

Weiterhin gibt es einen Wechsel zwischen Zirkel- und Stationstraining. Dies dient erstens einer abwechslungsreichen Trainingsgestaltung und einer Aufrechterhaltung der Motivation des Trainierenden. Im ersten und vierten Mesozyklus mit dem Trainingsziel Kraftausdauer ist das Zirkeltraining angesetzt, um die Herzfrequenz immer auf einem erhöhten Niveau zu halten, wodurch eine Senkung der Herzfrequenz als langfristiges Ziel erreicht werden kann. (Technogym Wellness & Biomedical GmbH, 2013). Durch die erhöhte Herzfrequenz, sowie dem gleichzeitigen Kraftausdauertraining kann der Trainierende seinen Körperfettanteil senken und seine Muskulatur trotz dessen erhalten. Dies gilt auch für den letzten Mesozyklus, in dem wieder ein Zirkeltraining stattfinden wird mit dem Ziel Kraftausdauer und der Senkung der Herzfrequenz in Ruhe.

Auf der anderen Seite macht der Trainierende in Mesozyklus zwei und drei ein Muskelaufbau- bzw. Hypertrophietraining organisiert nach dem Stationstraining. Durch die Umstellung des Trainingsziels sollte der Trainierende routiniert an den Kraftgeräte trainieren. Denn das Stationstraining führt zu einer stärkeren Muskelermüdung, was das Muskelaufbautraining intensiviert. Durch die intensivere Belastung wegen der höheren Trainingsintensität auf nur zwölf beziehungsweise acht Wiederholungen pro Satz reduziert, braucht der Trainierende eine höhere Konzentrationsfähigkeit, um die Übung korrekt ausführen zu können. Aus diesen Gründen ist ein Stationstraining geeignet, um an einem Gerät die zwei Sätze zu vollenden.

Von Mesozyklus eins bis drei wird eine Blockperiodisierung verfolgt. Diese wird gekennzeichnet durch eine abnehmende Wiederholungszahl, während die progressive Intensität ansteigt. Jemand, der noch nie Krafttraining betrieben hat, sollte erstmals eine Trainingsplanung nach der Blockperiodisierung in Anspruch nehmen, um so einen Muskelaufbau zu erzielen.

Je nach Trainingsmotiv kann ein Mesozyklus gestaltet werden. Sein kurzfristiges Ziel „Kraftsteigerung um 20% in sechs Wochen" kann anhand der Krafttestung nach Beendigung des ersten Mesozyklus gemessen werden. Durch ein Kraftausdauertraining werden erstmals die Grundlagen für ein Muskelaufbautraining gelegt. Es werden vermutlich morphologische Anpassungen und eine Kraftsteigerung statt gefunden haben, jedoch wird durch ein Muskelaufbautraining schneller Kraft gesteigert. Nach Brinkmann et al (2009) kann aber auch schon nach sechs Wochen eine Steigerung der Kraft nachgewiesen werden. Man kann nicht pauschal für jede Muskelgruppe den Wert von 20% Kraftsteigerung anwenden. Das Kraftausdauertraining ist dazu da, auf der einen Seite anaerobe Adaptionen wie Muskelaufbau und auf der anderen Seite beispielsweise Kapillarisierung durch eine höhere aerobe Adaption zu erreichen. (Zimmermann, 2000, 54)

Sein mittelfristiges Ziel „Körperfettreduktion" wird durch das erstmalige Kraftausdauertraining mit zwanzig Wiederholungen und das darauf folgende Hypertrophietraining exstensiv mit zwölf Wiederholungen verfolgt. Wie oben erläutert, wird durch die Reduzierung der Wiederholungen, die Intensität erhöht und durch eine Krafttestung bestimmt. Die beiden ersten Zyklen dauern jeweils sechs Wochen an, nach denen eine morphologische Anpassung festgestellt werden kann.

Der dritte Mesozyklus geht ebenfalls über sechs Wochen und beinhaltet das Trainingsziel des Muskelaufbaus intensiv, was eine höhere Intensität mit weniger Wiederholungen (acht Wiederholungen) bedeutet. Circa ab der Hälfte des dritten Mesozyklus soll das biometrische Ziel der Körperfettreduktion um 2% erreicht sein.

Der letzte Mesozyklus entspricht wiederum nicht mehr der linearen Periodisierung, da weder die Intensität des Krafttrainings gesteigert wird, noch die Wiederholungen reduziert werden. Der Grund dafür ist sein langfristiges Trainingsziel „in sechs Monaten die Herzfrequenz in Ruhe um fünf Herzschläge pro Minute senken". Um dieses Ziel realisieren zu können, muss zum Schluss des Makrozyklus die Anzahl der Wiederholungen gesteigert werden und die Intensität reduziert werden, damit das Herz-Kreislauf-System noch einmal verstärkt arbeiten muss und eine Verbesserung des Muskelstoffwechsels in die Wege geleitet wird. Dieses Grundlagentraining hilft dem Trainierenden dabei, sein Ziel zu erreichen, unterstützt durch das Zirkeltraining, das ebenfalls wie schon genannt die Herzfrequenz durchgängig erhöht.

4 Teilaufgabe 4 - Trainingsplanung Mesozyklus

Tab. 6: 1. Mesozyklus (eigene Darstellung)

Zyklusdauer	1. Woche	2. Woche	3. Woche	4. Woche	5. Woche	6. Woche
spezifisches Trainingsziel	Kraftausdauer	Kraftausdauer	Kraftausdauer	Kraftausdauer	Kraftausdauer	Kraftausdauer
Trainingseinheiten pro Woche	2	2	2	2	2	2
Organisationsform	GK/ Curcuit	GK/ Curcuit	GK/ Curcuit	GK/ Curcuit	GK/ Curcuit	GK/ Curcuit
Übungen pro Muskelgruppe	1 – 2	1 – 2	1 – 2	1 – 2	1 – 2	1 – 2
Sätze pro Übung	2	2	2	2	2	2
Satzpausen	-	-	-	-	-	-
Wiederholungszahl	20	20	20	20	20	20
Intensität	50,00%	55,00%	60,00%	65,00%	70,00%	70,00%
Bewegungstempo	2-0-2	2-0-2	2-0-2	2-0-2	2-0-2	2-0-2

Tab. 7: Krafttrainingsübung (eigene Darstellung)

	1. Woche	2. Woche	3. Woche	4. Woche	5. Woche	6 Woche
Beinpresse	57,5 kg	57,5 kg	63,25 kg	69 kg	74,75 kg	80,5 kg
Brustpresse	27 kg	27 kg	29,7 kg	32,4 kg	35,1 kg	37,8 kg
Rudermaschine	27 kg	27 kg	29,7 kg	32,4 kg	35,1 kg	37,8 kg
Beinbeuger	18 kg	18 kg	19,8 kg	21,6 kg	23,4 kg	25,2 kg
Bauchbeuger	13,5 kg	13,5 kg	14,85 kg	16,2 kg	17,55 kg	18,9 kg
Rückenstrecker	18 kg	18 kg	19,8 kg	21,6 kg	23,4 kg	25,2 kg

Der Mesozyklus verfolgt das spezifische Trainingsziel Kraftausdauer. Es ist der erste Mesozyklus in dem sechsmonatigen Makrozyklus und legt somit die Grundlagen für das weitere Krafttraining. Da der Trainierende unerfahren ist, jedoch keine gesundheitlichen Einschränkungen hat, außer seine erhöhte Ruheherzfrequenz, bietet sich das Kraftausdauertraining im ersten Zyklus an. Anhand des 15-RM-Krafttests konnten die Trainingsgewichte für jede Woche ausgerechnet und mit einer stetigen Steigung von 5%, außer von der ersten auf die zweite Woche, versehen werden. „Die progressive Überlastung eines Muskels bzw. einer Muskelgruppe erfolgt durch konsequente Anwendung des Prinzips der progressiven Belastungssteigerung. Dieses anspruchsvolle trainingswissenschaftliche Prinzip sieht eine kontinuierlich fortschreitende Erhöhung der Reizstärke vor" (Denner, 2009, S. 111). Dieses Zitat von Denner bestätigt, dass es sinnvoll ist, die Belastungsintensität von Woche zu Woche zu erhöhen.

Des Weiteren ist für den Kunden ein Ganzkörpertraining geplant, was auch die Übungsauswahl begründet. Da er keine spezifischen gesundheitlichen Einschränkungen hat und nur zwei Tage in der Woche trainieren kann, ist es wichtig für ihn ein Ganzkörpertraining zu absolvieren, ohne eine bestimmte Muskelgruppe hervorzuheben.

Ebenfalls anzumerken ist, dass der Trainingsbeginner aufgrund seiner fehlenden Vorerfahrung nur ein gerätegestütztes Krafttraining absolvieren soll, damit er mit geführten Bewegungen arbeiten kann.

Jede Übung wird mit dem Bewegungstempo 2-0-2 ausgeführt. Es ist wichtig, die Bewegung langsam auszuführen, damit die Bewegung auch korrekt ausgeführt wird. Denner (2009, S. 104) betont, dass die Bewegung langsam und kontrolliert ausgeführt werden muss, damit der Trainierende die Bewegung jederzeit unter Kontrolle hat – auch bei Erschöpfung. Je länger die Bewegung ausgeführt wird, desto länger steht die Muskulatur unter Spannung.

Die in Tabelle 6 dargestellte Übungsauswahl ist nach Komplexität, Muskelmassenanteil, koordinativem Anspruch und Priorität angeordnet.

Die Beinpresse steht an erster Stelle der Übungsauswahl. Die Beinpresse ist eine mehrgelenkige Übung, bei der das Hüftgelenk, sowie Kniegelenk beteiligt ist. Die Agonisten, die bei dieser Übung beteiligt sind, sind M. glutaeus maximus, M. quadriceps fermoris und die ischiokurale Muskulatur (Ratzinger, 2008, S. 63). Somit sind mehrere Gelenke beteiligt, sowie ein hoher Muskelmasseanteil. Koordinativ ist es relativ anspruchsvoll, da trotz einer geführten Bewegung darauf geachtet werden muss, dass die Knie beispielsweise nicht durchgestreckt werden sollten. Auch im Alltag wird diese Übung oft gebraucht. „Auf den Stuhl setzen" kann man vergleichen mit der Muskulatur und Bewegungsabfolge, die bei der Beinpresse trainiert wird.

Daraufhin wird die Brustpresse ausgeführt. Die Brustpresse ist ebenfalls eine mehrgelenkige Übung und die beteiligten Gelenke sind Schultergelenk und Ellenbogengelenk. Durch die Anteversion des Schultergelenks, sowie die Extension im Ellenbogengelenk wird der M. tripes brachii, sowie der M. deltoideus, pars clavicularis und der M. pectoralis major beansprucht. (Ratzinger, 2008, S. 56). Diese Übung sowie jede andere Übung an Kraftgeräten fördert die intramuskuläre Koordination, das beudeutet, dass

„bei der jeweiligen Bewegung eines Muskels möglichst viele Muskelfasern gleichzeitig und möglichst stark aktiviert werden" (Denner, 2009, S. 94).

Um sofort die Antagonisten der vorherigen Übung zu trainieren, wird die Rudermaschine im Anschluss eingebaut. Dadurch, dass der erste Meszoyklus ein Zirkeltraining ist, bietet es sich an, Agonisten und Antagonisten direkt hintereinander zu trainieren (Ratzinger, 2008, S. 31). Das Schultergelenk führt eine Retroversion aus, während das Ellenbogengelenk mit einer Flexion arbeitet. Dabei wird der M. deltoideus pars spinata, der M. biceps brachii, sowie der M. trapecius pars transversa beansprucht. (Ratzinger, 2008, S. 58). Diese Übung ist eine sehr wichtige Übung für die Aufrichtung des Trainierenden. Es stärkt den oberen Rücken und hilft im Alltag dem Kunden, eine aufrechte Haltung beizubehalten. Vor allem durch seine Schreibtischarbeit in der Schule sollte er an seiner Haltung arbeiten.

Die gerätegeführte Übung des Beinbeugers ist eine eingelenkige Übung, somit koordinativ ein geringerer Aufwand und weniger beteiligte Muskulatur. Die Flexion wird allein aus dem Kniegelenk ausgeführt mithilfe folgender Muskulatur: M. biceps fermoris, M. semitendinosus, M. semimembranosus (Ratzinger, 2008, S. 65). Auch wenn nach Komplexität, Aspekt des Muskelmasseanteils, sowie koordinativer Anspruch diese Übung zuletzt angesetzt werden sollte, ist dies nicht möglich, da durch das Zirkeltraining zwei Übungen für die Beinmuskulatur aufeinander folgen würden. Da der Beinbeuger die antagonistische Muskulatur zur Beinpresse trainiert, wird der Beinbeuger in diesen Zyklus mit eingebaut. Außerdem sitzt der Schüler den ganzen Tag und dann ist es wichtig, die Beine zu kräftigen. Die Beine müssen das volle Gewicht des Kunden tragen, woraus sich schließt, dass die Beine einen höheren Muskelanteil haben sollten als der Oberkörper.

Der Bauchbeuger ist eine Rumpfflexion in der Sagittalebene. Die dynamische Bewegung entsteht durch die beidseitige Kontraktion des geraden Bauchmuskels (M. rectus abdominis), dessen Helfer der Mm. obliqui abdominis ist (Denner, 2009, S. 66). Das beteiligte Gelenk ist die Wirbelsäule, hier insbesondere die Lenden- und Brustwirbelsäule. Auch bei der Übung gibt es nur ein beteiligtes Gelenk und eine hauptsächlich beteiligte Muskelgruppe. Die Bauchmuskulatur gibt auch dem Rücken Stabilisation. Das typische schwere Heben im Alltag wird durch die Kräftigung der Bauchmuskulatur vereinfacht und das Erlernen dieser Übung und der Übertragbarkeit in den Alltag verhindert eine falsche Ausführung der Bewegung.

Die letzte Übung ist der Rückenstrecker. Auch hier haben wir wieder Agonist und Antagonist gleich aufeinanderfolgend eingeordnet. Der Rückenstrecker, dessen Bewegung eine Rumpfextension ist, trainiert die wichtigsten wirbelsäulenstabilisierenden Muskeln. „Das Rotationszentrum der Rumpfextensionsbewegung liegt auf Höhe des Wirbelsäulensegment L3/L4" (Denner, 2009, S.62). Diese Bewegung wird dynamisch ausgeführt, sowie alle vorhergehenden Übungen. Koordinativ ist diese Übung trotz der eingelenkigen Übung (Wirbelsäule) relativ anspruchsvoll, da zwei Fehler gemacht werden können. Erstens der Trainierende hebt mit dem Becken ab, also „hebelt sich aus dem Sitz heraus" (Denner, 2009, S.64) oder er führt die Übung mit einem geraden Rücken aus, nicht wie angedacht, dass Segment für Segment gestreckt wird (Denner, 2009, S. 64). Die dabei agierende Muskulatur ist der M. erector spinae, dessen seitlicher Muskelstrang die Lenden- und Brustwirbelsäule stabilisiert (Denner, 2009, S. 63). Durch das tägliche lange Sitzen wird der Rücken nicht trainiert oder mobilisiert. Aus dem Grund ist es wichtig für den Schüler, seine Rückenmuskulatur zu stärken.

5 Literaturrecherche

Tab. 8: Effekte maschinengestütztes Krafttraining in der Behandlung chronischen Rückenschmerzes (eigene Darstellung modifiziert nach Stephan, Goebels, Schmidtbleicher, 2011)

Wer hat die Studie durchgeführt?	Stephan, A.; Goebels, S.; Schmidtbleicher, D.
In welchem Jahr wurden die Studie?	2011
Mit welchen Versuchspersonen wurde die Studie durchgeführt?	58 Personen mit Rückenschmerzen im vorwiegend frühen Chronifizierungsstadium mit gering-moderaten Alltagsbeeinträchtigungen und 16 Personen auf einer Warteliste-Kontrollgruppe Einschlusskriterien: Rückenschmerz seit mehr als 12 Wochen oder mindestens zwei rezidivierende Schmerzschübe pro Jahr seit mindestens 2 Jahren, Chronifizierungsgrad 1 oder 2, Befähigung zum selbstständigen Krafttraining nach Einschätzung des Arztes Ausschlusskriterien: bekannte Osteoporose, instabile HK Erkrankungen, akute Verletzungen oder Entzündungen am Bewegungsapparat, motorische Ausfälle, postoperative Zustände, aktueller/ehemaliger Kundenstatus beim Anbieter: 16 Teilnehmer in 16 Einrichtungen – Kontrollgruppe 80 Teilnehmer – 57 Einrichtungen Interventionsabbruch bei 22 Teilnehmern einer Trainingsunverträglichkeit, private Gründe, zwei Krankheit, zwei kein Interesse mehr, sieben zu geringe Trainingsfre-

	quenz, neun Grund unbekannt.
	Ende: 74 Teilnehmer, 54 Einrichtungen
	Davon: 58 Teilnehmer in 45 Einrichtungen der Trainingsgruppe
Wie sah der Versuchsaufbau aus?	Über sechs Monate sechs mal monatlich ein halbstündiges maschinengestütztes Krafttraining (April bis Oktober 2009)
	durchschnittliche Trainingseinheiten pro Woche: 1,6
	Trainingszeitraum 24,5 Wochen
	Zur Messung von Schmerz und Beeinträchtigung wurden initial, nach drei und sechs Monaten die Schmerzskalen Pain Severity (PS), Effects of Pain (EP), eine numerische Ratingsakala zur mittleren Schmerzintensität sowie der Ostwestry Disability Index (ODI) eingesetzt.
	Die zwei Versuchsgruppen waren dazu da, dass bei Personen, die in einem frühen Chronifizierungsstadium sind, die Rückenschmerzen eigenständig wieder zurückgehen – auch ohne Krafttraining
	Progressives Hypertrophieorientiertes Krafttraining an Trainingsmaschinen mit variablem Widerstand, Ziel: Funktions- und Strukturverbesserung der Muskulatur, Ablauf: ersten drei Einheiten: Einweisung durch qualifiziertes Personal, im 10. und 20. Training Trainingskontrolle und ggf. -anpassungen
	Training umfasste alle großen Muskelgruppen, 10 Übungen Ganzkörper 1 Satz mit 6-9 Wdh, Große Muskelgruppen vor Kleinen, Problemübungen werden vorangestellt, 60% der dynamischen Maximalkraft (1-Wiederholung-Maximum),
	TUT: 4-2-4
	Muskelerschöpfung nach 1-20 Trainingseinheit: submaximale Wiederholungszahl bis Wiederholungsmaximum, ab 21. Trainingseinheit: Wiederholungsmaximum bis Punkt des momentanen Muskelversagens
	Bewegungsumfang vollständig individuell mögliche Gelenkbewegung
	Erholung mindestens 48 Stunden
Welche relevanten Ergebnisse und Schlussfolgerungen lieferte die Studie?	Die mittlere Schmerzstärke wies mit einer Reduktion von 38% in der Trainingsgruppe und 26% in der Kontrollgruppe nach sechs Monaten einen Nettoeffekt zugunsten des Krafttrainings vor. Das Krafttraining führte, gemessen an statistischen und klinischen Interpretationsrichtlininen, zu einer relevanten Schmerz- und Beeinträchtigungsreduktion. In der Kontrollgruppe wurden größtenteils nicht-signifikante mittlere Effekte festgestellt.
	Am Ende waren 20 Personen der Trainingsgruppe schmerzfrei, davon hatte vorher 9 mäßige bis starke Schmerzen und 11 leichte/sehr leichte Schmerzen.
	In der Kontrollgruppe wurden sechs Teilnehmer schmerzfrei, von denen drei vorher über sehr leichte-mäßige Schmerzen berichteten

	relative Reduktion des Anfangsschmerz um 38,2% bzw. 25,6% Kontrollgruppe
	EP nur Verbesserung in Trainingsgruppe und nicht in Kontrollgruppe nach sechs Monaten, nur nach drei Monaten für beide 31,8% und 19,3%; ODI 58,5% 36,2%
	Lumbale Extensionskraft: keine Veränderung Kontrollgruppe Trainingsgruppe: Maximalkraft nahm in Winkeln 12,24,36,58,60,72 Grad signifikant zu. Kraftzuwächsen in Nm, hier in Prozent: 42,8 24,2 18,8 20,2 15,2 19,7
	Schlussfolgerung: Eignung, um Schmerzen zu senken in Anfangsstadium, dennoch trainierten die Probanden freiwillig und nicht vom Arzt empfohlen – höhere Motivation – Verbesserung Beschwerde Bild, Vermeidung von Rezidiven

Tab. 9: Krafttrainingstherapie bei männlichen Polizeibeamten mit chronischen lumbalen Rückenschmerzen (eigene Darstellung modifiziert nach Kirchhoff, Kopf, Böckelmann, 2015)

Wer hat die Studie durchgeführt?	Kirchhoff, Kopf, Böckelmann
In welchem Jahr wurde die Studie publiziert?	2015
Mit welchen Versuchspersonen wurde die Studie durchgeführt?	64 männliche Polizeibeamte mit chronisch lumbalen Rückenschmerzen, Durchschnittsalter 47 Jahre
	zwei Gruppen:
	Kontrollgruppe: 32 Patienten – gerätegestützte Krafttrainingstherapie
	Experimentalgruppe: 32 Patienten gerätegestütztes Krafttraining und psychologisch-pädagogische Interventionen
	Einschlusskriterien:
	chronisch rezidivierende Rückenschmerzen mit einer Beschwerdedauer von mehr als 6 Monaten bzw. rezidivierend seit 24 Monaten, Dekonditionierung der wirbelsäulenstabilisierenden Muskulatur, fortgeschrittene Chronifizierung des Krankheitsbildes, chronisch rezidivierende Rückenschmerzen mit einer Beschwerdedauer von mehr als 3 Monaten
	Ausschlusskriterien:
	Bandscheibenvorfall mit akuter radikulärer Symptomatik, manifeste Osteoporose, entzündliche Systemkrankungen, schwere Gefäßerkrankungen, schwere Herzkreislauferkrankungen
Wie sah der Versuchsaufbau der Studien aus?	Jede Übung 10 Wiederholungen
	24 Trainingseinheiten – 3 Therapiephasen:
	Erste Therapiephase: sechs Therapieeinheiten in zwei Wochen (Montag, Mittwoch, Freitag) mit einer Regenerationszeit 48h
	Therapiedauer: 60 Minuten – dynamisches Krafttraining der Rumpfmuskulatur als Ein-Satz-Training
	Pause zwischen Übungen 60-90s, maximal 6 Übungen
	Belastung im geringen intensiven Bereich: subjektives Belastungsempfinden nach BORG-Skala 11-13

	primäres Trainingsziel: spezifische Koordinationsschulung
	Zweite Therapiephase: 7.-18. Trainingseinheit (Montag und Donnerstag oder Dienstag und Freitag) mit einer Regenerationszeit von 72-96h
	Trainingssatz mit hoher Trainingsintensität, Trainingsgewicht wurde in jeder Einheit erhöht
	Belastung laut BORG-Skala: 13-17
	Trainingsziel: Maximalkraftsteigerung und Verbesserung der neuromuskulären Aktivierung
	Dritte Therapiephase: 19.-24 Trainingseinheit, Training alle fünf Tage
	Regenerationszeit 96-12h
	Jeder Trainingssatz ging bis zur erschöpfenden Stimulierung der wirbelsäulenstabilisierenden Muskulatur
	Belastung laut BORG-Skala: 17-19
	Im Anschluss an jede Trainingseinheit: mechanische Entlastung und muskuläre Entspannung
	Experimentalgruppe: zusätzliche Psychologisch-pädagogische Interventionen auf Basis der verhaltenstherapeutischer bzw. behavioraler Methoden mit Trainingszielvereinbarung
	Ziel: Modifikation des Verhaltens – Bereitschaft, körperliche Übungen zu wagen
Welche relevanten Ergebnisse und Schlussfolgerungen lieferten die Studien?	Nach Therapie:
	isometrische Maximalkraft: hat bei beiden Gruppen signifikant zugenommen, der Vergleich der beiden Gruppen ergab keinen signifikanten Unterschied
	Beispiel Extension EG: 3,6 Nm/kg auf 5,4 Nm/kg
	Beispiel Extension KG: 3,7 Nm/kg auf 5,4 Nm/kg
	Angst-Vermeidungsverhalten: FABQ-Gesamtwert der EG verbesserte sich deutlich im Vergleich zur KG. Der Gesamtwert der EG verbesserte sich von 40,3 auf 25,6
	KG verbesserte sich von 38,0 auf 31,8
	Momentane Schmerzintensität:
	Schmerzintensität EG verringerte sich von 4,22 p auf 0,66 p (p=Signifikanzniveau)
	Schmerzintensität KG verringerte sich von 3,13 p auf 0,97 p
	Somit verbesserte sich die momentane Schmerzintensität deutlich
	Schlussfolgerung: Krafttraining bei chronischen lumbalen Rückenbeschwerden fördert sie Muskelkraft, senkt die Schmerzintensität und fördert das Angstvermeidungsverhalten

6 Literaturverzeichnis

Brinkmann C., Geisler S., Klemme F., Schiffer T., Falkowski G., Bloch W., Brixius K. (2009). Einfluss von Krafttraining auf das metabolische Syndrom – Bedeutung einer veränderten Muskelmorphologie. *Zeitschrift für Sportmedizin 60* (12).

Buskies, W. & Boeck-Behrens, W. -U. (2009) *Fitness-Gesundheits-Training. Die besten Übungen und Programm für das ganze Leben* (Bd. 61084). Reinbek bei Hamburg: Rowohlt.

Custodis, F.,Reil J.-C.,Schirmer S. H., Adam O. , Möhlenkamp S.,Laufs U.,Böhm M. (2014). Herzfrequenz: klinische Variable und Risikomarker. *Deutsche medizinische Wochenschrift 139* (33). Stuttgart: Georg Thieme Verlag KG, 1661-1672.

Dahm, V. (2016). *Ruhepuls.* Zugriff am 31.07.2017. Verfügbar unter: http://www.netdoktor.de/diagnostik/puls-puls/#/welcher-puls-ist-normal.

Denner, A. (2009). *FPZ Deutschland den Rücken stärken. Wir bringen Menschen in Bewegung.* FPZ: Deutschland den Rücken stärken GmbH (Hrsg), Köln.

Fleck, S. J. & Kraemer, W. J. (2004). *Designing resistance training programs.* (3. ed). Champaign, IL: Human Kinetics.

Fleck, S. J. (1994). Kardiovaskuläre Reaktionen und Adaptionen während Kraftbelastungen. In P.V. Komi (Hrsg.), *Kraft und Schnellkraft im Sport.* Köln: Deutscher Ärzte-Verlag.

Fröhlich, M. & Schmidtbleicher, D. (2008). Trainingshäufigkeit im Krafttraining – ein metaanalytischer Zugang. *Deutsche Zeitschrift für Sportmedizin.* Jahrgang 59, Nr. 2, 4-11.

Gallagher, D., Heymsfield, S. B., Heo, M. et al (2000) Healthy percentage body fat ranges: an approach for developing guidelines based on body mass index. *Am. J. Clin. Nutr. 72* (3), 694-701.

Güllich, A. & Schmidtbleicher D. (1999). Struktur der Kraftfähigkeit und ihrer Trainingsmethoden. *Deutsche Zeitschrift für Sportmedizin, 50* (7,8), 223-234.

Haupert, M. (2007). *Zur Belastungsbestimmung im fitnessorientierten Krafttraining. Eine explorative Studie zur Methodik.* Dissertation, Universität des Saarlandes. Saarbrücken, 21.

Kapell, H. (2017). *Krafttraining ist mehr als Muskelarbeit*. Stuttgart: Georg Thieme Verlag.

Kirchhoff, D., Kopf, S., Böckelmann, I. (2015). Krafttrainingstherapie bei männlichen Polizeibeamten mit chronischen lumbalen Rückenschmerzen. *Zentralblatt für Arbeitsmedizin, Arbeitsschutz und Ergonomie* Springer-Verlag Berlin: Heidelberg.

Lenz, M., Richter, T., Mühlhauser, I. (2009). Morbidität und Mortalität bei Übergewicht und Adipositas im Erwachsenenalter. *Deutsches Ärzteblatt 106* (40), 641

Marshall, F. & Fröhlich, M. (1999). Überprüfung des Zusammenhangs von Maximalkraft und maximaler Wiederholungszahl bei deduzierten submaximalen Intensitäten. *Deutsche Zeitschrift für Sportmedizin, 50* (10), 311-314.

Miller, C. T., Fraser S. F., Levinger I., Straznicky, N.E. Dixon, J.B., Reynolds, J. Selig, S. E. (2013). The Effects of Exercise Training in Addition to Energy Restriction on Functional Capacities and Body Composition in Obese Adults during Weight Loss: A Systematic Review. *PLoS ONE 8* (11).

Ratzinger, M. (2008). *Grundlagen zum Kraft- und Fitnesstraining und den Krafttrainingsgeräten Uni Paussau Sportzentrum Cardio- und Fintessstudio*. Universität Passau Sportzentrum.

Stephan, A., Goebels, S., Schmidtbleicher D. (2011) Effekte maschinengestütztes Krafttraining in der Behandlung chronischen Rückenschmerzes. Jahrgang 62, Nr. 3 *Deutsche Zeitschrift für Sportmedizin 62* (3), 69-74.

Strack, A. & Eifler, C. (2005). *The individual lifting perfomance method (ILP – a practical Approach*. Göttingen: Cuvillier. 153.

Technogym Wellness & Biomedical GmbH (2013). Übergewicht und Fettleibigkeit. *Deutsche Zeitschrift für Sportmedizin Jahrgang 64* (6), 7.

World Health Organization (2015). *Q&As on hypertension*. Zugriff am 31.07.2017 Verfügbar unter: http://www.who.int/features/qa/82/en/.

Zimmer, M. (1999). *Entwicklung und Erprobung eines Mehrwiederholungstests zur Erfassung der Kraftleistung im Fitneß-Training*. Unveröffentlichte Diplomarbeit, Universität des Saarlandes. Saarbrücken.

Zimmermann, K. (2000). *Gesundheitsorientiertes Muskelkrafttraining. Theorie – Empirie - Praxisorientierung*. Schorndorf: Karl Hofmann, 54.

7 Abbildungs- und Tabellenverzeichnis

7.1 Tabellenverzeichnis

Tab. 1: allgemeine Daten (eigene Darstellung)

Tab. 2: biometrische Daten (eigene Darstellung)

Tab. 3: Mehrwiederholungskrafttest (eigene Darstellung)

Tab. 4: Zielsetzung/Prognose des Probanden (eigene Darstellung)

Tab. 5: Trainingsplanung Makrozyklus nach ILB-Methode (eigene Darstellung)

Tab. 6: 1. Mesozyklus (eigene Darstellung)

Tab. 7: Krafttrainingsübung (eigene Darstellung)

Tab. 8: Effekte maschinengestütztes Krafttraining in der Behandlung chronischen Rückenschmerzes (eigene Darstellung modifiziert nach Stephan, Goebels, Schmidtbleicher, 2011)

Tab. 9: Krafttrainingstherapie bei männlichen Polizeibeamten mit chronischen lumbalen Rückenschmerzen (eigene Darstellung modifiziert nach Kirchhoff, Kopf, Böckelmann, 2015)

BEI GRIN MACHT SICH IHR WISSEN BEZAHLT

- Wir veröffentlichen Ihre Hausarbeit, Bachelor- und Masterarbeit

- Ihr eigenes eBook und Buch - weltweit in allen wichtigen Shops

- Verdienen Sie an jedem Verkauf

Jetzt bei www.GRIN.com hochladen und kostenlos publizieren